EINE
FRAGE
DER
MORAL

Duden

Anatol Stefanowitsch

EINE FRAGE DER MORAL

Warum wir politisch
korrekte Sprache brauchen

Dudenverlag
Berlin

Bibliografische Information der Deutschen Nationalbibliothek
Die Deutsche Nationalbibliothek verzeichnet diese Publikation in der
Deutschen Nationalbibliografie; detaillierte bibliografische Daten sind
im Internet über http://dnb.dnb.de abrufbar.

© Duden 2018   D C B
Bibliographisches Institut GmbH,
Mecklenburgische Straße 53, 14197 Berlin

Redaktion Dr. Kathrin Kunkel-Razum

Herstellung Maike Häßler
Layout und Satz Dirk Brauns, estra.de, Berlin
Umschlaggestaltung Vietmeier Design, München
Druck und Bindung Beltz Bad Langensalza GmbH,
Am Fliegerhorst 8, 99947 Bad Langensalza
Printed in Germany

ISBN 978-3-411-74358-2
www.duden.de

INHALTS-VERZEICHNIS

ZUM ANFANG

In dieser Schrift geht es um diskriminierende und herabwürdigende Sprache, und dabei lässt es sich nicht vermeiden, diskriminierende und herabwürdigende Ausdrücke zu zitieren. Die Leser/-innen sollten also darauf vorbereitet sein, solchen Wörtern im Text zu begegnen.

In einigen Fällen sind diese Ausdrücke historisch so stark belastet, dass sie nach Möglichkeit nicht einmal zitierend erwähnt werden sollten: In diesen Fällen – und wenn ich mich darauf verlassen kann, dass die Leser/-innen erkennen können, welches Wort gemeint ist – verwende ich die aus Wörterbüchern bekannte Abkürzungsformel „erster Buchstabe und Tilde", aus *Zigeuner* würde also *Z~*, aus Zigeunerschnitzel würde *Z~schnitzel* und so weiter.

Ich spreche außerdem oft von *wir* und *uns*. Damit meine ich immer die „Mehrheit", also die im jeweiligen Zusammenhang Nichtdiskriminierten. Diese „Mehrheit", zu der die meisten von uns auf einer oder mehr Diskriminierungsachsen gehören, ist es, die sich mit dem Problem der diskriminierenden Sprache auseinandersetzen muss, und an sie richtet sich diese Streitschrift.

Für die geschlechtergerechte Schreibweise von Personenbezeichnungen gibt es eine Vielzahl unterschiedlicher Vorschläge. Um Lesegewohnheiten nicht überzustrapazieren, folge ich hier der von Duden empfohlenen Variante mit Schräg- und Bindestrich (z. B. Sprecher/-innen).

Anmerkung der Dudenredaktion

In unserem Ratgeber „Richtig gendern" (Oktober 2017) zeigen wir die Möglichkeiten und Grenzen des Genderns im Deutschen. Die im hier vorliegenden Buch gewählte Form *Politiker/-innen* ist neben der Klammerschreibung die einzige Art der Sparschreibung, die von den amtlichen Regeln der deutschen Rechtschreibung abgedeckt ist. Allerdings stößt diese Möglichkeit in flektierten Formen an ihre Grenzen, weil die Flexionsendung *-n (Politikern)* entfällt: *Der Vorschlag wird von allen Politiker/-innen unterstützt.* Wir haben uns dennoch entschieden, diese sich immer stärker durchsetzende Form in diesem Buch zu verwenden, da es eben auch von sprachlichen Verfahren zur Gleichbehandlung von Menschen handelt. Die Form *Politiker/-innen* entspricht am ehesten diesem Ziel, auch wenn sie nicht in allen Fällen mit dem amtlichen Regelwerk übereinstimmt.

WAS POLITISCH KORREKTE SPRACHE IST UND WER SIE KRITISIERT

Seitdem rechte Bewegungen und Parteien wieder Aufwind haben, drängt mit deren menschenverachtendem Gedankengut auch ein Sprachgebrauch in die Öffentlichkeit, der wegen seiner offensichtlichen Brutalität auf breite Ablehnung stößt. Wenn Flüchtlinge pauschal als *Asylinvasoren* und *Rapefugees* verunglimpft und als Teil einer *Umvolkung* dargestellt werden, die Deutschland zu einer *Moslem-Müllhalde* verkommen lässt, dann besteht Einigkeit, dass hier nicht nur abwertende

Ideen geäußert werden, sondern dass dies auch in einer abwertenden Sprache geschieht. Wenn Politiker/-innen demokratischer Parteien als *Volksverräter* oder *Wucherungen am deutschen Volkskörper* bezeichnet werden, die *krank im Geschlecht und im Geiste* seien und die man *jagen* oder *entsorgen* wolle, wenn das Adjektiv *völkisch* „positiv besetzt" oder der *Schuldkult* um den Holocaust beendet werden soll, dann besteht Einigkeit, dass wir es hier mit einer bewussten Verrohung politischer Debatten, vielleicht sogar mit einer allgemeinen Sprachverrohung zu tun haben. **Vor allem, wenn ein solcher Sprachgebrauch rechten Politiker/-innen oder besser noch „anonymen Hetzern" in den sozialen Medien zugeschrieben werden kann, besteht Einigkeit, dass er zu bekämpfen sei** – notfalls mit weitreichenden zensurartigen Maßnahmen oder sogar mit dem Strafgesetzbuch, auf jeden Fall aber durch entschiedenen Widerspruch nicht nur bezüglich der geäußerten Inhalte, sondern auch bezüglich der verwendeten Sprache.

Diese Einigkeit steht in einem merkwürdigen Gegensatz zu den sonst üblichen Reaktionen auf Versuche, einem abwertenden Sprachgebrauch entgegenzuwirken. Als etwa Otfried Preußler 2013 in einer Neuauflage seines erstmals 1957 erschienenen Kinderbuchs *Die kleine Hexe* aus zwei kostümierten und im Original als *N~lein* bezeichneten Kindern zwei ethnisch unbestimmte *Messerwerfer* machte, sah das deutschsprachige Feuilleton darin den „Rotstift der Political Correctness", dem unser „kulturelles Erbe zum Opfer falle", oder gar eine „orwellsche Auslöschung unserer Vergangenheit".

Ähnliche Reaktionen gab es schon 2009, als Astrid Lindgrens Pippi-Langstrumpf-Bücher in einer Überarbeitung erschienen, in der Pippis Vater – ein schwedischer Seemann und Herrscher über eine Südseeinsel – nicht mehr, wie in der Übersetzung von 1951, als *N~könig,* sondern als *Südseekönig* bezeichnet wurde. Ähnliche Reaktionen gibt es auch jedes Mal, wenn eine der immer noch fast hundert *Mohrenapotheken* ihren Namen ändert oder wenn das *Zigeunerschnitzel* an irgendeinem Autobahnrasthof als *Paprikaschnitzel* verkauft wird.

Bei der letzten großen Reform der Straßenverkehrsordnung – einem trockenen Gesetzestext ohne Potenzial für nostalgische Kindheitserinnerungen – wurden, ebenfalls 2013, die seit dem ursprünglichen Erlass von 1934 ausschließlich männlichen Personenbezeichnungen weitgehend durch geschlechtsneutrale Formulierungen ersetzt: Statt von *Fußgängern* ist nun von *zu Fuß Gehenden* die Rede, statt *Radfahrer müssen einzeln hintereinander fahren* heißt es nun *Mit Fahrrädern muss einzeln hintereinander gefahren werden,* und aus *jeder Verkehrsteilnehmer* wurde *wer am Verkehr teilnimmt.* Auch hier gab es heftige Ablehnung: Den Verantwortlichen wurde politisch korrekte „Sprachverhunzung" vorgeworfen, sie seien „gaga" und vom „Gender-Wahnsinn" befallen. Ähnliche Reaktionen gab es, als die Universität Leipzig in ihrer Satzung die bis 2013 ausschließlich männlichen Personenbezeichnungen (*Student, Professor* usw.) durch ausschließlich weibliche ersetzte (*Studentin, Professorin* usw.), als die Grünen 2015 beschlossen, Personenbezeichnungen in Anträgen nur noch mit „Gender-Sternchen" *(Politiker*innen)* zu schreiben, oder als aus der *Heimat großer Söhne* der österreichischen Nationalhymne die *Heimat großer Töchter und Söhne* wurde. Und jedes Mal, wenn die Unterabteilung irgendeiner kommunalen Behörde einen Leitfaden mit Vorschlägen für geschlechtergerechtes Formulieren an ihre Mitarbeiter/-innen verschickt.

Und, noch einmal 2013, dachte der Vorsitzende der nordrhein-westfälischen Linken laut über eine Umbenennung der Laternenumzüge in den Kindertagesstätten seines Bundeslandes nach. In Nordrhein-Westfalen und anderen traditionell katholischen Landesteilen werden diese unter dem Namen *Sankt-Martins-Umzug* veranstaltet. Der Politiker sorgte sich, dass diese katholische Folklore die Kinder muslimischer Eltern abschrecken könnte, und griff die Idee einzelner Kitas auf, die Umzüge religiös neutral als *Sonne-Mond-und-Sterne-Fest* zu feiern. Dieser Vorschlag, der nicht etwa im Landtag, sondern in einem Zeitungsinterview gemacht wurde, löste eine deutschlandweite Diskussion über den „Verfall" abendländischer Traditionen und die politisch korrekte „Anbiederung" an oder gar „Unterwerfung" unter den Islam aus. Ähnliche Reaktionen gab es, als ein Buchhändler Ostern 2011 „spannende Geschenke zum *Hasenfest*" versprach. Und jedes Mal, wenn ein Weihnachtsmarkt – meist nur in der Fantasie der Boulevardpresse oder eines rechten Lokalpolitikers – in *Wintermarkt* umbenannt werden soll.

Wie erklärt sich die Heftigkeit dieser Reaktionen? Warum besteht Einigkeit, dass es reaktionärer

Rassismus ist, wenn ein rechter Politiker behauptet, niemand wolle einen schwarzen deutschen Fußball-Nationalspieler zum Nachbarn haben, dass es aber eine Geschichtsfälschung orwellschen Ausmaßes ist, wenn ein Kinderbuchverlag in einem fünfzig Jahre alten Kinderbuch das Wort *N~könig* durch *Südseekönig* ersetzt? Warum ist die geschlechtsneutrale Benennung von Verkehrsteilnehmenden „Gender-Wahnsinn", wo doch statistisch knapp über die Hälfte von ihnen weiblich ist? Warum wäre es ein politisch korrekter Verrat abendländischer Werte, wenn nordrhein-westfälische Kinder, von denen auch ohne Muslime nur die Hälfte katholische Eltern hat, ihre Laternen ohne Bezug auf einen katholischen Schutzheiligen vor sich her tragen würden?

Allgemein gefragt: Worin genau besteht der Vorwurf der „politischen Korrektheit"? In Deutschland wird dieser in den USA entstandene Ausdruck seit Anfang der 1990er-Jahre hauptsächlich zur Diskreditierung von Menschen verwendet, die sich gegen sprachliche Diskriminierung engagieren. Der Vorwurf erschließt sich dabei nicht aus dem Wortlaut selbst – auch wer andere als „politisch korrekt" bezeichnet, dürfte ja die eigene politische Meinung für korrekt halten. Er erschließt sich erst, wenn wir uns die konkreteren Unterstellungen ansehen, die mit dem Vorwurf der politischen Korrektheit einhergehen.

Das ist zunächst der Vorwurf der sprachlichen Bilderstürmerei. Einzelne Wörter in älteren Texten mögen aus heutiger Sicht problematisch scheinen, heißt es dann, aber das sei eben die Wortwahl der Autor/-innen, die dem Sprachgebrauch der damaligen Zeit entspreche. In das so entstandene sprachlich-literarische Gesamtkunstwerk dürfe man nicht eingreifen. Wenn Preußler einmal *N~lein* geschrieben habe, solle er auch fünfzig Jahre später dazu stehen, und erst recht dürfe ein Text nicht verändert werden, wenn die Autorin – wie im Fall von Lindgren – bereits verstorben sei.

Diese Vorstellungen mögen auf den ersten Blick durchaus vernünftig klingen: Texte sind (auch) Zeitzeugnisse, die durch nachträgliche Eingriffe verfälscht werden. Allerdings darf bezweifelt werden, dass die Kritiker/-innen der politischen Korrektheit tatsächlich der Meinung sind, Kinderbücher fielen in die Kategorie schützenswerter zeitgeschichtlicher Dokumente: Kinderbuchverlage greifen bei Übersetzungen und Neuauflagen oft sehr viel tiefer in den Originaltext ein als in den oben beschriebenen Fällen, ohne dass im Feuilleton auch nur ein leises Murren vernehmbar wäre. In Enid Blytons 1941 erschienenem Kinderbuchklassiker „The Adventurous Four" etwa entdecken die Arnold-Kinder während des Zweiten Weltkriegs einen geheimen U-Boot-Stützpunkt der Nazis vor der Küste Schottlands und werden von deutschen Soldaten mit Hakenkreuz-Armbinde gefangen genommen. Als das Buch 1969 ins Deutsche übersetzt wurde, machte man aus den deutschen Nazis unpolitische Waffenschmuggler ungenannter Nationalität, ließ die Geschichte aber weiterhin im Zweiten Weltkrieg spielen. Die Sorge des Feuilletons bezüglich der damit begangenen Verfälschung des literarischen Werkes oder der jüngeren deutschen Geschichte lässt bis heute auf sich warten. Als Thomas Brezinas erfolgreiche Kinderbuchserie um die „Knickerbocker-Bande" neu aufgelegt wurde, warb der Verlag sogar offen mit sprachlichen Modernisierungen. Am Anfang des Bandes „Rätsel um das Schneemonster" zum Beispiel steckt sich der lässige Skilehrer Sepp Stürzel einen *kleinen, schaumgummiüberzogenen Knopf* ins Ohr, der mit seinem *Walkman* verbunden ist. In der Neuauflage von 2015 ist daraus der *Ohrstöpsel seines MP3-Players* geworden. Auch nach ausgiebiger Suche ist mir kein einziger kritischer Kommentar zur orwellschen Auslöschung der mobilen Tontechnik der 1980er-Jahre untergekommen.

Ein weiter gehender Vorwurf an die Befürworter/-innen der politischen Korrektheit ist, dass sie nicht nur literarische Traditionen, sondern alle herkömmlichen Bräuche zerstören wollen. Auch hier ist die Besorgnis aber auffällig selektiv: Wenn die Aufregung um den unverbindlichen Vorschlag, das Sankt-Martins-Fest in *Sonne-Mond-und-Sterne-Fest* umzubenennen, auf einer Angst um Traditionen beruhen würde, müsste die 2015 tatsächlich erfolgte Umbenennung des *Ellwanger Frühlingsfests* in *Ellwanger Volksfest* ähnlich besorgte Reaktionen hervorgerufen haben. Stattdessen gab es einen einzigen mürrischen Leserbrief an die „Schwäbische Post", während der Rest des Landes von dem Fest oder seiner Umbenennung – oder vom Städtchen Ellwangen – nie gehört hat. Empörung löst immer nur die vermeintliche Abschaffung *christlicher* Traditionen aus – merkwürdigerweise auch und gerade im Osten Deutschlands, wo es kaum Christ/-innen gibt.

Die Empörung ist dann oft so groß, dass die tatsächlichen Traditionen völlig übersehen werden. Als jemand – wohl in satirischer Absicht – die Nachricht verbreitete, der Dresdener Weihnachtsmarkt solle aus Rücksicht vor Muslim/-innen in *Striezelmarkt* umbenannt werden, verbreitete sich die Empörung deutlich schneller als die Erkenntnis, dass der Markt schon seit dem 15. Jahrhundert *Striezelmarkt* heißt. Der Vorwurf der politischen Korrektheit ergibt sich also weniger aus einer informierten Sorge um Traditionen als vielmehr aus dem dumpfen Gefühl, es wolle jemand Rücksicht auf eine Gruppe nehmen, der man diese Rücksicht nicht zugestehen will (nicht, dass ein einziger Fall bekannt wäre, bei dem Muslim/-innen tatsächlich die Umbenennung eines Weihnachtsmarktes gefordert hätten).

Andere Kritiker/-innen der politischen Korrektheit halten sich nicht mit der Literatur und Kultur auf, sondern sorgen sich gleich um die deutsche Sprache insgesamt. Die, sagen sie, könne sich ausschließlich organisch aus sich selbst heraus weiterentwickeln und würde unwiederbringlich zerstört, wenn man von außen in die Entwicklung eingreife. Zum Beispiel seien neumodische Sprachverdrehungen wie die oben genannten Partizipien *Studierende* oder *zu Fuß Gehende* zur Schaffung von Personenbezeichnungen ungeeignet, da sie sich nicht auf allgemeine Eigenschaften, sondern auf konkrete Vorgänge bezögen. Der ansonsten klarsichtige Max Goldt argumentiert in einer häufig zitierten (und merkwürdig morbiden) Glosse, man könne nach einem Massaker nicht sagen: *Die Bevölkerung beweint die sterbenden Studierenden.* Man könne nämlich nicht „gleichzeitig sterben und studieren". Auch hier ist die Kritik sehr selektiv: Diese Formen werden nur dann als unlogisch kritisiert, wenn sie der Geschlechtergerechtigkeit dienen sollen. Niemand stört sich an den Wörtern *Vorsitzende/-r, Reisende/-r* oder *Anwesende/-r.*

Sprachgeschichtlich falsch ist die Kritik ohnehin – partizipiale Personenbezeichnungen sind keineswegs neumodische Verdrehungen der deutschen Grammatik. Schon 1814 heißt es in einer Bekanntmachung des Leipziger Stadtkommandanten: „Jeder auf denen Straßen *zu Fuß Gehende* hat den gerechten Anspruch, dass wenn jemand hinter ihm gefahren kömmt, selber dem *zu Fuß Vorausgehenden* … bevor er ihm mit denen Pferde-Köpfen anfährt zurufen soll." Überhaupt sind die vermeintlich politisch korrekten Neuschöpfungen oft viel älter, als deren Kritiker/-innen glauben – *Hasenfest* als Bezeichnung für Ostern findet sich bereits 1949 in einem Brief des Schriftstellers Jean Améry an seine spätere zweite Frau Marie Leitner, und *Südseekönig, Paprikaschnitzel* und *Wintermarkt* sind schon im der *Political Correctness* weitgehend unverdächtigen 19. Jahrhundert belegt.

Auch hier ist aber zweifelhaft, dass es den Kritiker/-innen überhaupt um eine ungestörte Entwicklung der deutschen Sprache geht. Wenn es so wäre, müssten sie alle Alternativvorschläge für existierende Wörter mit demselben Eifer bekämpfen. Das tun sie aber nicht. Im Gegenteil:

Diejenigen, die schöne alte Ausdrücke wie *zu Fuß Gehende* oder *Wintermarkt* ablehnen, sind oft dieselben, die ganz organisch in die Sprache eingeflossene Lehnwörter wie *Laptop* oder *Smartphone* durch frei erfundene Kunstwörter wie *Klapprechner* oder *Intellifon* ersetzen wollen.

Wo ihre Argumente an sprachgeschichtlichen Fakten scheitern, flüchten die Kritiker/-innen der politischen Korrektheit sich gerne in sprachästhetische Argumente. Vielleicht nicht falsch, aber doch „kraftlos", „blass" und „hässlich" sei die politisch korrekte Sprache. Nun lässt sich über Ästhetik kaum sinnvoll streiten, aber in vielen Fällen ist das ästhetische Argument nicht unmittelbar einleuchtend. Ist *Südseekönig,* mit dem romantisierten Fernweh des Wortes *Südsee*, kraftloser als *N~könig?* Wenn *Sonne-Mond-und-Sterne-Fest* hässlicher ist als *Sankt-Martins-Fest,* warum erfreut sich das Volkslied, aus dem die Formulierung stammt, seit 140 Jahren ungebrochener Beliebtheit? Wer ästhetische Urteile abgibt, sollte wenigstens die Kriterien erläutern, auf denen sie beruhen. Ein Argument für oder gegen eine bestimmte Form des Sprachgebrauchs ließe sich aber auch dann nicht konstruieren, denn in der Sprache geht es – außerhalb der Poesie – nicht um Ästhetik, sondern um Kommunikation.

Entsprechend ernster zu nehmen ist deshalb der gelegentlich gegen die „politisch korrekte" Sprache ins Feld geführte Einwand, sie störe die Kommunikation. In manchen Fällen ist eine solche Störung tatsächlich beabsichtigt: Radikale Eingriffe in die Sprache sollen dann die Aufmerksamkeit auf bestimmte sprachliche Strukturen lenken, zum Beispiel bei den „dynamischen" Unterstrichen und x-Formen von Lann Hornscheidt *(Hornscheidt ist einx ehemal_igx Professx der Humboldt-Un_iversität).* Aber im Allgemeinen soll die Sprache zwar gerechter, aber nicht weniger verständlich gemacht werden. Insofern dürfen und müssen sprachliche Reformvorschläge natürlich daraufhin überprüft werden, ob sie zu Missverständnissen führen können. Könnte es z. B. passieren, dass jemand die Fußnote in der Satzung der Universität Leipzig überliest und glaubt, sie gelte nur für weibliche Universitätsangehörige? Möglich. Aber dasselbe Argument lässt sich auf Tausende von Verordnungen anwenden, die ausschließlich männliche Formen nennen. Und die Überarbeitung von Texten soll diese ja häufig gerade für eine neue Generation verständlich machen. Den Kritiker/-innen politischer Korrektheit dagegen ist die allgemeine Verständlichkeit herzlich egal, wenn sie Wörter wie *Intellifon* vorschlagen.

Ebenfalls ernst zu nehmen ist ein letzter Vorwurf, der oft gemeinsam mit dem der politischen Korrektheit erhoben wird: dass die vorgeschlagenen oder vorgenommenen sprachlichen Veränderungen eine Art der Zensur oder Einschränkung der Meinungsfreiheit seien. Das wäre in der Tat bedenklich, denn Einschränkungen der Meinungsfreiheit sind ein extremer Schritt, der extremen Meinungen wie der Leugnung des Holocausts vorbehalten bleiben sollte.

Tatsächlich ist die Meinungsfreiheit durch Reformvorschläge wie die hier diskutierten aber gar nicht bedroht: Es geht in allen Fällen darum, *wie* etwas gesagt wird, nicht, *ob* es gesagt werden darf. Was kritisiert wird, ist nicht der Inhalt, sondern der Ausdruck. An der Geschichte eines schwedischen Seemanns, der von der Bevölkerung einer Südseeinsel zum König erkoren wird, ändert sich nichts, wenn er sprachlich zum *Südseekönig* wird: Die Bücher dürfen auch nach der sprachlichen Modernisierung kolonialistische Stereotype in die Kinderzimmer des Landes tragen und sind damit ein hervorragendes Beispiel für die Freiheit, kritikwürdige Meinungen zu äußern.

Aber auch auf der Ausdrucksseite plädieren die Befürworter/-innen politisch korrekter Sprache nicht für Verbote oder Vorschriften. Selbst Behörden, die ihren Mitarbeiter/-innen gegenüber eine gewisse Weisungsbefugnis haben, stellen in ihren Leitfäden nur *Empfehlungen* für den öffentlichen Sprachgebrauch zusammen.

Umgekehrt gibt es aber deutliche Hinweise, dass die Kritiker/-innen politisch korrekter Sprache sich sehr wohl für Sprachvorschriften erwärmen können, solange die in ihrem Sinne sind. Im sprachlich insgesamt autoritären Frankreich verbot der Präsident den Beamt/-innen kürzlich, die französische Variante der geschlechtergerechten Rechtschreibung, die "écriture inclusive", zu verwenden, die – französisch elegant – kleine Punkte an den Stellen einfügt, an denen im Deutschen Schrägstriche, Sternchen oder Unterstriche stehen (aus *Beamt/inn/en* würde so *Beamt·inn·en*). Dieses Sprachverbot stieß bei deutschen Kritiker/-innen politischer Korrektheit nicht etwa auf Sorge um die Meinungsfreiheit, sondern auf begeisterten Applaus.

Es ist also weder die Unversehrtheit literarischer Texte und kultureller Traditionen noch die störungsfreie Entwicklung der deutschen Sprache noch eine allgemeine Abneigung gegen Sprachverbote, die die Kritiker/-innen politisch korrekter Sprache antreibt. All diese Argumente werden immer nur dort ins Feld geführt, wo es darum geht, abwertende Bezeichnungen und Sprachstrukturen zu vermeiden, um eine sprachliche Gleichbehandlung bislang diskriminierter Bevölkerungsgruppen herzustellen.

Wenn wir alle Vorwürfe der Zensur und Geschichtsfälschung, Sprach- und Literaturverdrehung abziehen, bleibt **eine Gemeinsamkeit der beschriebenen Beispiele übrig: dass sie sich gegen die sprachliche Herabwürdigung bestimmter Gruppen richten.** Da daran eigentlich nichts kritikwürdig ist, wird es durch Wörter wie „Gutmenschen-" oder „Moralaposteltum" lächerlich gemacht.

Die Kritiker/-innen treffen damit aber unfreiwillig den **Kern der politisch korrekten Sprache – sie ist tatsächlich eine Frage der Moral. Den Befürworter/-innen politisch korrekter Sprache geht es** (oft implizit, aber manchmal auch ganz offen) **darum, sprachliche Ausdrucksformen genauso nach moralischen Gesichtspunkten zu bewerten wie andere Aspekte menschlichen Handelns.** Diese Position soll in dieser Streitschrift ausgeführt werden.

WIE SPRACHE UND MORAL ZUSAMMEN-HÄNGEN

Fast jede praktische Moralphilosophie von Konfuzius bis Kant beruht mehr oder weniger direkt auf der sogenannten goldenen Regel. Als Sprachwissenschaftler und moralphilosophischer Außenseiter werde ich diesen Vorbildern folgen und es ebenso halten.

Die Grundidee der goldenen Regel ist einfach: Sie fordert uns dazu auf, unser potenzielles Verhalten anderen gegenüber zunächst aus deren Perspektive zu betrachten (uns also vorzustellen,

jemand anders verhalte sich uns gegenüber auf diese Weise), und dann zu entscheiden, ob wir dieses Verhalten akzeptieren würden.

Konkret lässt sich dieses Prinzip entweder positiv formulieren („Behandle andere so, wie du von ihnen behandelt werden willst") oder negativ („Behandle *andere nicht* so, wie du *nicht* von ihnen behandelt werden willst"). Machen wir es ebenso und formulieren folgende goldene Sprachregel:

1. Stelle andere sprachlich nicht so dar, wie du nicht wollen würdest, dass man dich an ihrer Stelle darstelle.

2. Stelle andere sprachlich stets so dar, wie du wollen würdest, dass man dich an ihrer Stelle darstelle.

Die allgemeine goldene Regel, vor allem in ihrer positiv formulierten Variante, hat mindestens zwei Fallstricke, die mit dem von der Regel geforderten Perspektivwechsel zusammenhängen. Erstens haben wir individuelle Vorlieben, die wir anderen nicht ohne Weiteres unterstellen können – wie George Bernhard Shaw in seinem Stück „Mensch und Übermensch" schreibt: „Handelt anderen gegenüber *nicht* so, wie ihr es von ihnen euch gegenüber erwartet – ihr Geschmack könnte sich unterscheiden". Wir müssen die Regel also so ansetzen, dass individuelle Vorlieben außen vor bleiben.

Am Anfang meiner Universitätskarriere hatte ich zum Beispiel einen älteren Gasthörer im Seminar, der von allen, egal in welcher Situation oder Position, geduzt werden wollte und der deshalb alle, auch mich, unbeirrbar duzte. Er hat sich damit zwar an die goldene Sprachregel gehalten, aber er hat mir dabei eine Anredeform aufgedrängt, die ich nicht wollte.

Er hat sich nämlich, und das ist der zweite Fallstrick, nur oberflächlich in meine Lage versetzt und für sich entschieden, dass er als Dozent von seinen Studierenden gerne geduzt würde. Hätte er auf einer höheren Abstraktionsebene angesetzt, wäre ihm aufgefallen, dass es nicht ums Duzen, sondern um Anredeformen allgemein geht und dass er, wenn er von anderen auf die von ihm bevorzugte Weise angesprochen werden will, seinerseits andere auf die von *ihnen* bevorzugte Weise ansprechen muss. Welche das ist, hätte er daran erkennen können, dass ich die Studierenden gesiezt habe. Er hätte auch versuchen können, sich in die Lage eines akademischen Berufsanfängers zu versetzen, der jünger aussieht als viele seiner Studierenden und der das höfliche *Sie* möglicherweise braucht, um ein Minimum an Distanz zu signalisieren. Und da ihm als „pensioniertem Lebenskünstler" (seine Worte), der vorher nie studiert oder gar unterrichtet hatte, der Bezugsrahmen für diesen Perspektivwechsel fehlte, hätte er mich natürlich fragen können.

Es geht bei der goldenen Regel, auch der sprachlichen, am Ende darum, allgemeine Urteile über Handlungen zu treffen. Hier ist die negativ formulierte Variante der goldenen Regel etwas robuster – es ist leichter, falsches Handeln zu erkennen als richtiges. Und gerade bei den real existierenden Diskussionen um politisch korrekte Sprache geht es vorrangig um die *Vermeidung* bestimmter sprachlicher Ausdrucksformen. Ich werde deshalb zunächst der ersten Regel und damit der Frage den Vorrang geben, was schlechte Sprache ist. Bei der Suche nach sprachlichen Alternativen kann uns dann aber auch die positive Variante der Regel leiten.

Stellen wir uns aber zunächst die Frage, ob es grundsätzlich sinnvoll ist, sprachliche Ausdrucksformen als moralisches Problem zu behandeln. Wenn nicht, hätte die folgende Diskussion nur wenig Sinn.

Aus moralphilosophischer Sicht scheint mir das unstrittig zu sein. Die goldene Sprachregel ist ja kein zusätzlich zur allgemeinen Form der goldenen Regel anzunehmendes moralisches Prinzip, sondern nur eine Ausformulierung, die uns daran erinnern soll, dass auch sprachliche Äußerungen Handlungen sind. Und während das Duzen und Siezen eher in der Höflichkeitstheorie untersucht wird, haben andere Bereiche sprachlichen Handelns durchaus schon die Moralphilosophie beschäftigt.

Ein bekanntes Beispiel ist die Frage nach dem moralischen Status der Lüge. Ob wir Immanuel Kant folgen und die Lüge in jeder Situation für moralisch falsch halten oder ob wir, wie viele andere, differenzierter darüber nachdenken, wann Lügen vielleicht doch richtiges Handeln (oder wenigstens die weniger falsche der möglichen Handlungsalternativen) sein könnte – in jedem

Fall behandeln wir eine sprachliche Äußerung (nämlich das Aussprechen der Unwahrheit) als moralphilosophisches Problem. **Damit ist klar, dass eine Kritik des Sprechens grundsätzlich möglich ist.**

Auch bestimmte Aspekte der traditionellen Sprachkritik sind implizit moralisch begründet. So gibt es eine lange, wenig kontroverse Tradition der Kritik an Euphemismen, also beschönigenden Ausdrücken wie *Sonderabfall* für *Giftmüll, freisetzen* für *entlassen* oder *ethnische Säuberung* für *Völkermord*. Die Ablehnung solcher Euphemismen beruht auf der Annahme, dass sie unliebsame Wahrheiten verschleiern sollen – also sozusagen zum Wort erstarrte Lügen sind (zwei geschätzte Kollegen, Kai Biermann und Martin Haase, bezeichnen sie explizit als *Sprachlügen*). Ob Euphemismen grundsätzlich moralisch falsch sind, kann diskutiert werden: Sie dienen nicht nur zur Verschleierung, sondern auch dazu, Gefühle zu schonen (z. B., wenn wir sagen, jemand sei *von uns gegangen*), unsere Intimsphäre zu schützen (wenn wir *das stille Örtchen aufsuchen*), Unangenehmes mit Humor zu tragen (wenn wir die Regelblutung als *Besuch aus Moskau* oder *Erdbeerwoche* bezeichnen). Nicht alle Verwendungen verstoßen notwendigerweise gegen die goldene Sprachregel, aber alle sind einer moralischen Überprüfung zugänglich.

Eine zweite Tradition der Sprachkritik, die sich auf eine moralisch begründete Ablehnung der Lüge zurückführen lässt, ist die Forderung nach einer „klaren" und „einfachen" Sprache in Politik, Journalismus oder Wissenschaft. Solche

Forderungen beruhen oft auf der Annahme, dass hinter einem komplexen Sprachgebrauch bewusste Täuschungsabsichten stecken – dass etwa eine Politikerin umstrittene Gesetzesvorhaben unter umständlichen Formulierungen versteckt oder dass ein Wissenschaftler überlange Wörter zu absatzumfassenden Sätzen verknüpft, um zu verschleiern, dass er eigentlich nichts zu sagen hat. Ob diese Vorwürfe im Einzelnen stimmen, kann oft bezweifelt werden – juristische und wissenschaftliche Sachverhalte sind komplex und erfordern komplexe Sprache. **Auch hier zeigt die Diskussion aber, dass eine moralische Bewertung sprachlicher Handlungen auch außerhalb der Moralphilosophie zu finden ist, und dass die Kritik sich nicht nur gegen Inhalte, sondern auch gegen sprachliche Formen richten kann.**

Moralische Bewertungen sprachlicher Handlungen beschränken sich nicht auf Fälle, in denen jemand potenziell die Unwahrheit sagt – auch andere Begründungszusammenhänge traditioneller Sprachkritik lassen sich auf die goldene Sprachregel zurückführen. Die Kritik an komplexer Sprache beispielsweise beruht nicht immer auf dem Vorwurf der Verschleierung. Oft wird darauf hingewiesen, dass komplexe Sprache verschiedene Gruppen von der Teilhabe an gesellschaftlichen Diskussionen ausschließe. Besonders deutlich formulieren das die Befürworter/-innen der sogenannten „Leichten Sprache", die durch eine radikale Vereinfachung Menschen mit eingeschränkten kognitiven Fähigkeiten, mit geringer formaler Bildung oder geringen Sprachkenntnissen an gesellschaftlicher Kommunikation beteiligen wollen.

Auch hier ist im Einzelnen zu prüfen, ob die Kritik zutrifft und ob sich die Ausschlüsse durch eine Vereinfachung der Sprache vermeiden lassen. Für uns entscheidend ist, dass die Kritik nur dann einen Sinn ergibt, wenn wir annehmen, dass solche Ausschlüsse *falsch* sind. Und das wiederum lässt sich direkt aus der goldenen Regel ableiten: Wir selbst wollen nicht von der Teilhabe an gesellschaftlichen Vorgängen ausgeschlossen sein und dürfen deshalb auch andere nicht davon auszuschließen.

Selbst bei zeitgenössischen Formen des Sprachpurismus lässt sich eine moralische Begründung erkennen. Traditionell wird die Ablehnung von Lehngut mit nationalistischen und kulturprotektionistischen Argumenten gestützt. Seit sich der Sprachpurismus aber in den Programmen rechtsradikaler Parteien findet, schließen sich moderatere Sprachschützer/-innen lieber dem Inklusionsargument an und kritisieren, dass die Verwendung von Lehnwörtern Menschen ausschließt, die keine Fremdsprachen sprechen.

Das Argument ist fragwürdig – wir alle verwenden tagtäglich lateinische Lehnwörter wie *Münze*, griechische Lehnwörter wie *Gastronomie*, arabische Lehnwörter wie *Kaffee* und italienische Lehnwörter wie *Girokonto,* ohne dass wir dafür Latein, Altgriechisch, Arabisch oder Italienisch sprechen müssten. Aber auch hier ist die Begründung eine, die nur im Lichte der goldenen Sprachregel Sinn ergibt.

Auch die Forderung nach politisch korrekter Sprache ist eine moralisch begründete. Niemand von uns möchte sich (in Kinderbüchern, auf Speiseplänen oder sonst irgendwo) mit unkritisch verwendeten herabwürdigenden Bezeichnungen für die eigene Bevölkerungsgruppe konfrontiert sehen, also müssen wir das auch anderen Gruppen zugestehen. Niemand möchte in Texten ständig ungenannt bleiben und darüber nachdenken müssen, ob er oder sie vielleicht „mitgemeint" sei, also müssen wir das auch anderen zugestehen. Viele von uns hätten ein Problem damit, wenn uns unvermittelt die Folklore einer fremden Religion aufgedrängt würde, also müssen wir wenigstens darüber nachdenken, in welchen gesellschaftlichen Bereichen das zu akzeptieren ist und ob Kindertagesstätten dazu gehören. **Kurz, niemand möchte sprachlich diskriminiert werden, deshalb dürfen wir auch andere nicht sprachlich diskriminieren.**

Diese moralische Position ist eigentlich offensichtlich, wir müssen uns also fragen, warum sie auf eine deutlich weniger breite Zustimmung trifft als die anderen Beispiele moralisch begründeter Sprachkritik.

Eine offensichtliche Erklärung wäre, dass die moralischen Begründungen bei der Kritik von Euphemismen, komplexer Sprache oder Lehnwörtern nur vorgeschoben ist. Bei der Kritik an Lehnwörtern scheint mir das offensichtlich: Lehnwörter sind ein natürlicher Teil des Wortschatzes und werden im Spracherwerb erworben wie alle anderen Wörter. Ein englisches Lehnwort wie

Sale schließt deshalb keineswegs diejenigen aus, die kein Englisch sprechen, sondern nur diejenigen, die das Wort *Sale* nicht kennen. Das gilt allerdings auch für das urdeutsche Wort *Winterschlussverkauf*. Umgekehrt schließt die Verwendung von Kunstwörtern wie *Intellifon* aber die große Mehrheit der deutschen Sprachgemeinschaft aus, die das so bezeichnete Objekt unter dem Namen *Smartphone* kennt. Das dürfte auch Sprachpurist/-innen nicht entgangen sein; das Argument, englische Lehnwörter würden Menschen ausschließen, die kein Englisch sprechen, scheint deshalb unaufrichtig. In den anderen Fällen würde ich den Kritiker/-innen aber zugestehen, dass ihre moralisch begründeten Argumente aufrichtig (wenn auch nicht unbedingt richtig) sind.

Eine zweite offensichtliche Erklärung wäre, dass die Kritiker/-innen die moralischen Argumente gegen Euphemismen oder ausschließende Sprache für gewichtiger halten als die gegen diskriminierende Sprache. Vielleicht akzeptieren sie sogar, dass Betroffene nicht auf eine bestimmte Weise bezeichnet werden *wollen* und dass sie es in deren Lage auch nicht wollen würden, glauben aber, dass durch diskriminierende Sprache kein tatsächlicher Schaden entstehe. Das wäre zwar kein Grund, politisch korrekte Sprache grundsätzlich abzulehnen, aber es wäre ein Grund, ihrer Vermeidung einen niedrigen Stellenwert einzuräumen.

Diese Position ist aber falsch: Es gibt verlässliche Hinweise darauf, dass Menschen, die regelmäßig Ziel diskriminierender Sprache sind, in ihrer psychischen und sogar körperlichen Verfassung beeinträchtigt sind. Sie ziehen sich häufiger aus dem öffentlichen Leben zurück, sind häufiger krank und begehen häufiger Selbstmord als andere Menschen. **Auch, wenn man nicht Handlungen selbst, sondern ihre Konsequenzen aus moralphilosophischer Perspektive betrachtet, ist diskriminierende Sprache also unmoralisch: Sie mindert das Glückspotenzial der betroffenen Gruppen und verursacht häufig konkretes Leid.** Umgekehrt lässt sich nur schwer argumentieren, dass die *Vermeidung* diskriminierender Sprache Glück mindert oder Leid vermehrt. Das bedeutet nicht, dass die moralische Forderung nach einer gerechten Sprache nie in Konflikt mit anderen moralischen Forderungen geraten und in der Abwägung nachrangig behandelt werden kann, es bedeutet aber, dass sie nicht automatisch nachrangig ist.

Eine dritte Erklärung wäre, dass die Kritiker/ -innen politisch korrekter Sprache die grundsätzliche Möglichkeit diskriminierender und damit zu vermeidender Wörter und Strukturen anerkennen, die meisten oder sogar alle der oft diskutierten Fälle aber nicht dazurechnen. Diese Position findet sich in Diskussionen tatsächlich. Sie wird manchmal mit scheinbar sprachwissenschaftlichen Argumenten untermauert, die zeigen sollen, dass die als diskriminierend empfundenen Ausdrücke objektiv neutral seien. Auf Kritik am Wort *N~* beispielsweise kommt gebetsmühlenartig der Hinweis, es stamme aus dem Lateinischen und bedeute dort schlicht „schwarz". Beim *Zigeunerschnitzel* wird angeführt, auch andere Gerichte würden doch nach der Bevölkerungsgruppe benannt, die sie erfunden habe, z. B. die *Wiener Würstchen* oder *Berliner (Pfannkuchen)*. Bei Texten mit durchgängig männlichen Personenbezeichnungen wird behauptet, diese seien in Wahrheit geschlechtsneutral. Und so weiter.

Diese Argumente halten einer ernsthaften Überprüfung selten stand. Das N-Wort ist nicht aus dem Lateinischen, sondern aus dem Spanischen und Portugiesischen entlehnt. Es taucht im Deutschen erstmals zur Zeit des atlantischen Sklavenhandels im 17. Jahrhundert auf und etabliert sich im 18. Jahrhundert mit dem Aufkommen von Rassentheorien. Dieser Entlehnungszusammenhang, und nicht der Wortschatz des klassischen Lateins, wäre heranzuziehen, wenn wir in der Sprachgeschichte nach Argumenten suchen wollten.

Aber selbst, wenn sich eine neutrale Ursprungsbedeutung nachweisen ließe, wäre die nicht von Belang. Bedeutungen ändern sich mit der Zeit und was zählt, ist die heutige Bedeutung eines Wortes mit allen Konnotationen. Das Wort *Idiot* bedeutete im alten Griechenland „Privatperson", aber dann wurde es im Lateinischen zu einem Wort für unfähige und unwissende Menschen und im 19. Jahrhundert zu einem medizinischen Fachbegriff für aus heutiger Sicht fragwürdige Diagnosen im Bereich kognitiver Störungen. Wer heute jemanden *Idiot* nennt, kann sich nicht auf das Altgriechische berufen.

Auch das Wort *Zigeuner* hat eine lange, bis in die heutige Zeit hineinwirkende Bedeutungsgeschichte, während der es sowohl zur romantisierenden Stereotypisierung der so Bezeichneten zu einem „fahrenden Volk" voller Leidenschaft und Freiheitsliebe als auch zur abwertenden Stereotypisierung zu einem bettelnden und räuberischen „Gesindel" verwendet wurde. Diese Assoziationen sind es, die das Wort *Zigeunerschnitzel* abwertend machen. Für die Wörter *Wiener* und *Berliner* gilt das nicht, da es solche Stereotypisierungen hier nicht gibt (das Schlimmste, was man diesen Gruppen nachsagt, ist eine gewisse selbstzufriedene Unfreundlichkeit). Hinzu kommt, dass das *Zigeunerschnitzel* mit den so bezeichneten Bevölkerungsgruppen in keinem historischen Zusammenhang steht – das Wort war von Anfang an eine stereotypisierend romantisierende Bezeichnung für ein kulinarisch ausgesprochen mitteleuropäisches Gericht.

Manchmal beziehen diejenigen, die die diskriminierende Wirkung sprachlicher Ausdrücke bestreiten, sich auch direkt auf die sprachliche goldene Regel. Sie erklären, dass sie selbst sich in der Lage der Betroffenen durch einen bestimmten Sprachgebrauch nicht diskriminiert fühlen würden und dass es diesen deshalb auch nicht zustehe. Hier zeigt sich das oben bereits illustrierte Problem der goldenen Regel: Sie erfordert, dass wir uns tatsächlich in die Lage der anderen versetzen, statt nur unsere eigene Sicht auf sie zu projizieren. Im Fall von potenziell diskriminierender Sprache fehlen uns aber die Erfahrungen der Betroffenen, die den Perspektivwechsel gelingen lassen können. Auf die Frage, wie sich dieses

Problem in konkreten Fällen praktisch lösen lässt, komme ich weiter unten zurück. Hier will ich zunächst darauf hinweisen, dass sich im Allgemeinen zeigen lässt, dass die Kritiker/-innen politisch korrekter Sprache das diskriminierende Potenzial bestimmter Ausdrucksweisen durchaus erkennen, nämlich dann, wenn es sich ausnahmsweise gegen sie selbst richtet.

Kommen wir dazu noch einmal auf das schon mehrfach erwähnte sogenannte „generische" Maskulinum zurück — also auf die Gewohnheit, männliche Personenbezeichnungen auch dort zu verwenden, wo es nicht um Männer, sondern um geschlechtsgemischte Gruppen oder Personenkreise (wie z. B. die *Fußgänger* und *Radfahrer* aus der alten Straßenverkehrsordnung) geht. Wie die Sprachwissenschaftlerin Luise Pusch schon Ende der 1970er-Jahre gezeigt hat, gibt es gute Gründe, an der Geschlechtsneutralität solcher Formen grundsätzlich zu zweifeln. Aber selbst, wenn wir akzeptieren, dass männliche Personenbezeichnungen und Pronomen geschlechtsneutral gemeint sein können, müssen sie es ja nicht sein. Es ist deshalb nie klar, wann sie sich nur auf Männer und wann auch auf Frauen beziehen. Im „Wahlgesetz für den Reichstag des Norddeutschen Bundes" von 1869 sind Frauen nicht mitgemeint, wenn es heißt „*Wähler* für den Reichstag des Norddeutschen Bundes ist *jeder Norddeutsche, welcher* das fünfundzwanzigste Lebensjahr zurückgelegt hat…". Das Reichswahlgesetz von 1920 meint sie dann mit, wenn es sagt, „*Reichstagswähler* ist, wer am Wahltag *Reichsangehöriger* und zwanzig Jahre alt ist".

Aus der sprachlichen Form, und damit aus dem Text selbst, ergibt sich das nicht. Auch psychologische Experimente zeigen, dass männliche Personenbezeichnungen und Maskulina allgemein zunächst männlich interpretiert werden, bevor Versuchspersonen auch eine generische Interpretation in Betracht ziehen.

Das „generische" Maskulinum versteckt also Frauen systematisch und legt ihnen die zusätzliche Bürde auf, ständig darüber nachzudenken, ob sie in einem konkreten Fall mitgemeint sind oder nicht. Damit dürfte es ein eindeutiger Fall für die goldene Sprachregel sein: Wer dieses Versteckspiel und diese zusätzliche Interpretationsarbeit für sich ablehnt, darf sie auch anderen nicht zumuten.

Und die Kritiker geschlechtergerechter Sprache, die das Problem nie erkennen, wenn Frauen sprachlich versteckt werden, erkennen es sofort, wenn es zur Abwechslung sie selbst trifft. Als die Universität Leipzig ihre Satzung ins generische Femininum umschrieb, als die Straßenverkehrsordnung ihre geschlechtsneutrale Neufassung erhielt, ja, sogar als in den USA einige Bundesstaaten ihre Gesetze geschlechtsneutral formulierten, waren die Reaktionen im männlichen deutschen Feuilleton eindeutig: als „Gewalt" gegen die Männer wurde das verstanden, „ans Gemächt" gehe es ihnen, „entmannen" oder „sprachlich kastrieren", womöglich sogar ganz „abschaffen" wolle man sie. Den Männern, die an solchen Neufassungen mitwirkten, wurde „sprachlicher Selbsthass" diagnostiziert.

Wer es derart unerträglich findet, ein einziges Mal nur mitgemeint zu sein, sollte es im Sinne der goldenen Sprachregel tunlichst vermeiden, das Mitgemeintsein anderen permanent zuzumuten.

Dass die Nicht-Betroffenen (also im Falle des generischen Maskulinums die Männer) diskriminierende Sprache so schwer erkennen, liegt natürlich genau daran, dass sie eben nicht betroffen sind. Wer sich nie damit zufriedengeben muss, „mitgemeint" zu sein, wer nie darüber nachdenken muss, ob er überhaupt „mitgemeint" ist, dem fehlt die Erfahrung, die es ihm ermöglichen würde, sich in die Lage der anderen zu versetzen.

Aber immerhin erlaubt die Morphologie des Deutschen geschlechtsneutrale Alternativen zum generischen Maskulinum oder sogar seine Umkehr zu einem generischen Femininum. So können Männer hier wenigstens grundsätzlich die Erfahrung machen, wie es sich anfühlt, sprachlich diskriminiert oder zumindest nicht privilegiert zu sein. **Das Problem des generischen Maskulinums ist ein Problem des Sprachgebrauchs, wenn auch ein tief in der Grammatik verankertes.**

In den meisten anderen Fällen diskriminierender Sprache liegt das Problem tiefer. Bei der Anwendung der goldenen Regel müssen wir uns immer klarmachen, dass sie die prinzipielle *Möglichkeit* der Gleichbehandlung voraussetzt. Ist diese Möglichkeit in einem bestimmten Bereich nicht gegeben, kann die Anwendung der goldenen Regel bestehende Ungleichheiten sogar verfestigen.

Unsere Sprache ist nämlich schon in der Struktur vor allem ihres Wortschatzes nicht auf eine Gleichbehandlung ausgelegt. Bevor ich diskutiere, inwiefern das ein Problem ist, soll eine kleine Übung zum Wortschatz abwertender Begriffe im Deutschen zunächst die Art der Ungleichbehandlung aufzeigen.

Überlegen Sie kurz, wie viele beleidigende, abwertende Ausdrücke Ihnen für folgende Gruppen von Menschen einfallen, um die es häufig geht, wenn über politisch korrekte Sprache diskutiert wird: Frauen, schwarze Menschen, Migrant/-innen (und/oder Ausländer/-innen allgemein), Muslim/-innen, Menschen mit Behinderungen, arme und/oder bildungsferne Menschen und Homosexuelle (vor allem homosexuelle Männer). Wenn Sie nicht sehr behütet aufgewachsen sind, dürften Ihre Listen recht umfangreich werden.

Für Frauen stehen auf dieser Liste vielleicht Wörter wie *Flittchen, Schlampe, Hure, Nutte, Dorfmatratze, Fotze* und andere abwertend sexualisierende Ausdrücke; *Mauerblümchen, graue Maus, Heimchen* und andere Wörter für mangelnde sexuelle Attraktivität; Wörter, die Selbstbewusstsein und beruflichen Erfolg abwerten wie *Emanze* oder *Karriereweib* oder die die damit verbundene Vernachlässigung traditioneller Frauenrollen bemängeln wie *Macchiato-Mutter* und *Rabenmutter;* und schließlich Wörter, die Frauen Intelligenz und Rationalität absprechen wie *Dummchen, Blondine,* gerne in Kombination mit Tiermetaphern wie *(blöde) Kuh, (dumme) Ziege, Schnepfe* und so weiter.

Für schwarze Menschen dürfte Ihnen nach den Diskussionen um die Überarbeitung der Pippi-Langstrumpf-Bücher mindestens das hier nicht ausgeschriebene N-Wort (auch in der noch abwertenderen amerikanischen Variante) eingefallen sein; dazu Wörter wie *Mohr, Bimbo, Hottentotte, Kaffer* und ähnliche; vielleicht auch „humoristische" Versuche wie *Mokkanase* oder *Maximalpigmentierter;* und schließlich wussten Sie auch, dass Wörter wie *Farbige* und *Schwarzafrikaner* von den Bezeichneten als herabwürdigend bewertet werden. Für andere (tatsächliche oder von außen konstruierte) ethnische Gruppen wie z. B. Asiat/-innen fallen Ihnen sicher ähnliche Wörter ein (wie *Schlitzauge* oder *Fidschi*).

Für Migrant/-innen allgemeiner stehen auf Ihrer Liste vermutlich herkunftsspezifische Wörter wie *Spaghettifresser* oder *Itaker, Froschfresser, Kümmeltürke* oder *Knoblauchfresser, Polacke* und *Iwan,* und allgemeinere wie *Kanake* oder *Asylant.* Am rechten Rand der Gesellschaft sind in den letzten Jahren Wörter wie die eingangs erwähnten *Rapefugee* und *Asylinvasor,* aber auch *Fickilant, Flüchtilant* und andere hinzugekommen.

Speziell für Muslim/-innen stehen auf Ihrer Liste vermutlich mindesten *Musel, Muselaffe* und/oder *Muselmane;* möglicherweise auch *Gruselmane, Achmed, Kameltreiber* oder *-ficker* und *Ölauge;* für muslimische Frauen vielleicht außerdem *Kopftuchmädchen* und, wenn Ihnen der Sprachgebrauch am rechten Rand der Gesellschaft vertraut ist, drastischere Varianten wie *Burkaschlampe, Burkafotze* und andere.

Für Menschen mit Behinderung sind Ihnen sicher Wörter wie *Spasti, Krüppel, Hirni, Kloppi* und *Mongo* eingefallen; dazu vielleicht Wörter wie *Zwerg* oder *Gnom, Brillenschlange* oder *Irrer*.

Für arme und bildungsferne Menschen haben Sie vielleicht Wörter wie *(Sozial-)schmarotzer, Penner, Proll, Asi, Schnorrer, Hartzvierler, Faulenzer* usw. gefunden.

Für homosexuelle Männer dürften Ihnen Wörter wie *Schwuchtel, Tucke, Tunte* oder *Homofürst* eingefallen sein; vielleicht auch drastischere Varianten wie *Schwanzlutscher, Hinterlader, Anal-reiter, Arschficker* und ähnliche. Bei homosexuellen Frauen ist die Ausbeute vermutlich etwas dünner (es gibt ja genügend abwertende Begriffe für Frauen allgemein), aber vielleicht sind Ihnen Wörter wie *Mannweib, Kampflesbe* oder *Fotzen-leckerin* eingefallen.

Und nun überlegen Sie, wie viele abwertende Begriffe Ihnen jeweils für das Gegenstück zur jeweiligen Gruppe einfallen, also für Männer, Weiße, Deutschstämmige, Christen, Menschen ohne Behinderung, reiche Menschen, Menschen mit Zugang zu Bildung und Heterosexuelle. Die Ausbeute wird erstens sehr viel dünner und zweitens sehr viel weniger abwertend ausfallen.

Für Männer könnte Ihnen *Macho, Macker, Pascha* oder *Chauvi* eingefallen sein – alle zwar kritisch gegenüber bestimmten als männlich wahrgenom-menen Verhaltensweisen, aber nicht besonders abwertend. Für Weiße sind Sie vielleicht nur auf das außerhalb von Karl-May-Romanen selten anzutreffende *Bleichgesicht* gekommen, vielleicht auch auf Wörter wie *Weißbrot* oder *Kalkleiste*. Davon abgesehen, dass auch die sich kaum im tatsächlichen Sprachgebrauch finden, reicht keins dieser Wörter an das Abwertungspotenzial heran, das Ihre Liste für schwarze Menschen hergeben dürfte. *Weißbrot* ist, gemeinsam mit *Kartoffel*, außerdem eins der wenigen Wörter, die Migrant/-innen manchmal für Deutschstämmige verwenden, manche muslimische Jugendliche benutzen außerdem das Wort *Christ* analog zum *Musel*. Wenn Ihnen für gebildete und/oder reiche Menschen genuin abwertende Wörter eingefallen sind, haben Sie einen sehr großen Wortschatz, denn solche Wörter sind so gut wie gar nicht zu finden – wenn überhaupt, gehört das populistische *Eliten* dazu sowie Wörter wie *Bonze* oder *Geldsack*, die oft zusätzlich antisemitisch aufgeladen sind. Für Heterosexuelle schließlich gibt es bestenfalls das fast schon resigniert-liebevolle Wort *Hete*.

Im Wortschatz des Deutschen (und anderer Sprachen) gibt es also ein drastisches Ungleichgewicht bezüglich des abwertenden Wortschatzes zur Bezeichnung diskriminierter Gruppen (sogenannter „Minderheiten") auf der einen Seite und nicht-diskriminierter Gruppen (der „Mehrheit") auf der anderen. Für erstere gibt es eine große Menge abwertender Bezeichnungen von abfällig *(Spaghettifresser, Mauerblümchen, Brillenschlange)* bis zutiefst herabwürdigend *(N~, Schlampe, Spasti)*. Für letztere gibt es nur eine Handvoll solcher Bezeichnungen, die sich außerdem nur im leicht abfälligen Bereich bewegen. Das führt nicht nur zu einer ungleichen Verteilung der tatsächlich beobachtbaren sprachlichen Diskriminierung, es führt zu einer ungleichen Verteilung der *Möglichkeit* zu diskriminieren. Wer in sich alle Eigenschaften vereint, die die diskriminierten Gruppen *nicht* haben – wer also ein körperlich nicht beeinträchtigter heterosexueller männlicher weißer Deutscher ohne Migrationshintergrund ist, der keiner religiösen Minderheit angehört –, der ist schon deshalb vor Diskriminierung geschützt, weil unsere Sprache kein Vokabular für eine solche bereitstellt.

Das ist die eigentliche Ebene, auf der ein moralischer Umgang mit Sprache ansetzen muss: Es geht nicht darum, Menschen zu verbieten, über andere abfällig zu reden, es geht darum, das sprachliche Spielfeld im Sinne der goldenen Regel so zu gestalten, dass dieses abfällige Reden für alle mit dem gleichen Aufwand verbunden ist. Wenn ich z.B. abfällig über Weiße reden möchte, muss ich genau beschreiben, welche Eigenschaften Weiße aus meiner Sicht haben und warum mir das nicht passt. Diese Beschreibungen und Bewertungen stehen dann als eindeutige, mir zuzuordnende Aussagen im Raum, was es anderen ermöglicht, mir zu widersprechen, mich für diese Aussagen in die Verantwortung zu nehmen und gegebenenfalls Schlussfolgerungen über meinen Charakter zu ziehen. Wenn ich dagegen abfällig über Schwarze reden will, nenne ich sie einfach *N~* oder *M~* und behaupte im Übrigen, nichts gegen sie zu haben. Die Abwertung steht dann nur in diffuser, mir nur indirekt zuzuordnender Form im Raum, sodass man mich dafür nur schwer verantwortlich machen oder mir widersprechen kann.

Bestimmte Wörter, Formulierungen und Strukturen aus dem öffentlichen Sprachgebrauch herauszuhalten soll nicht dazu dienen, das Spektrum möglicher Meinungen einzuschränken – welche Meinungen wir in einer Gesellschaft öffentlich verhandeln wollen, ist eine separate Frage –, **es soll dafür sorgen, dass die Abwertung von Gruppen nicht nebenbei und damit in allen denkbaren Zusammenhängen erfolgen kann.**

Die ungleiche Verteilung der Diskriminierungsmöglichkeiten ist auch ein Grund dafür, dass es den Nichtbetroffenen in jeder der oben aufgeführten Dimensionen der Diskriminierung so schwerfällt, die Wirkung diskriminierender Sprache anzuerkennen. Es gibt kein Wort für weiße Menschen, dessen Bedeutung auch nur entfernt an die gewaltvolle Bedeutungsgeschichte und abwertende Wirkung von Wörtern wie *N~* heranreicht. Es gibt kein Wort für Männer, das sie über ihre Sexualität, ihre Intelligenz, ihr Selbstbewusstsein, ihre Elternqualitäten usw. so abwertet, wie das selbst die harmloseren der oben aufgeführten Wörter für Frauen tun. Wer aber gar nicht in die Situation kommen *kann*, mit sprachlichen Mitteln herabgewürdigt zu werden, dem wird es schwerfallen, sich in die Lage derer zu versetzen, denen das ständig geschieht, im Alltag, in Kinderbüchern und in der Straßenverkehrsordnung.

Umso wichtiger ist es, die seltenen Anlässe zur Reflexion zu nutzen, in denen wir eine Ahnung davon bekommen. Das generische Femininum an der Universität Leipzig war ein solcher Anlass. Dass das konservative Feuilleton hier bei der Selbsterkenntnis versagt hat, ist vielleicht wenig überraschend, aber ich lege jeder männlichen Leserin nahe, sich die Satzung einmal durchzulesen. Auch wenn einen das Mitgemeintsein nicht grundsätzlich stört, ist das eine leicht desorientierende und deshalb sehr lehrreiche Erfahrung (wem eine Universitätssatzung zu trocken ist, dem sei stattdessen Gerd Brantenbergs 1977 erschienener Roman „Die Töchter Egalias" empfohlen, der in einer matriarchalen Parallelwelt mit einem tief in der Sprache verankerten generischen Femininum spielt).

Einen Anlass zur Reflexion lieferte 2016 auch der Hamburger Politiker Malik Karabulut, als er die Deutschen öffentlich und pauschal als „Köterrasse" bezeichnete. Diese eindeutig abwertende Bezeichnung löste breite Empörung aus und brachte ihm eine Strafanzeige ein. Doch so unschön es ist, als „Köterrasse" bezeichnet zu werden, so sehr können wir diesen Anlass nutzen, um eine leise Ahnung davon zu bekommen, wie es wohl sein muss, täglich mit solchen Ausdrücken bezeichnet zu werden. Karabuluts diskriminierende Äußerung gelang (wenn man es so nennen möchte), weil er sie in eine religiös-nationalistische Überlegenheitsfantasie einbettete und Gott und die Türkei aufforderte, „Macht" über die Deutschen auszuüben und ihren „Lebensraum" zu zerstören. Innerhalb dieser Fantasie sind die in Deutschland tatsächlich vorliegenden Machtverhältnisse zwischen deutsch- und türkischstämmigen Menschen umgedreht – nur so kann die sprachliche Abwertung ihre Wirkung entfalten. Auch diese Erkenntnis hilft vielleicht ein wenig dabei, Diskriminierungserfahrungen nachzuvollziehen.

WIE WIR MORALISCH SPRECHEN

Wenn wir einmal (an)erkannt haben, dass unser Sprachgebrauch grundsätzlich gegen die goldene Regel verstoßen kann, und wenn wir uns entscheiden, dass wir einen solchen Sprachgebrauch vermeiden wollen, stehen wir vor zwei praktischen Problemen. Erstens müssen wir herausfinden, welche konkreten Ausdrücke gegen diese Regel verstoßen, und zweitens müssen wir Alternativen finden.

Laut goldener Regel soll uns dabei ja der Perspektivwechsel leiten, aber wie wir gesehen haben, ist dessen Vollzug nicht ganz einfach. Anlässe umgekehrter Diskriminierung wie die oben erwähnten können uns ja bestenfalls helfen, einen punktuellen Eindruck davon zu bekommen, wie sich sprachliche Abwertung grundsätzlich anfühlt, aber sie können nichts über die abwertende Bedeutung einzelner Ausdrücke sagen. Ich kann versuchen, mir vorzustellen, ich sei eine Frau, und dann überlegen, ob *Tussi* gerade noch in Ordnung, aber *Schlampe* dann doch herabwürdigend wäre, aber das wäre nur eine Projektion, die an meiner fehlenden Erfahrung scheitern würde, wie es ist, eine Frau zu sein.

Der offensichtlichste Ausweg aus diesem Dilemma, und der, der von allen Befürworter/ -innen politisch korrekter Sprache vorgeschlagen wird, ist der, den tatsächlich Betroffenen zuzuhören, wenn sie darüber reden, was sie als diskriminierend empfinden – statt *mich* in die Lage anderer hineinzufantasieren also auf die zu hören, die tatsächlich in dieser Lage sind.

Da dieses Vorgehen so offensichtlich elegant ist, stellt sich die Frage, warum es vielen Leuten schwerfällt, genau das zu tun. Es ist ja nicht so, dass die Betroffenen ihre Meinungen verstecken würden – im Gegenteil, sie legen sie oft ausführlich und gut begründet dar. Die immer wieder aufflammende Diskussion um das N-Wort und ähnliche Wörter (ob in Kinderbüchern oder in Zusammensetzungen wie *N~kuss, M~apotheke, M~kopf*) könnte längst beendet sein. Mindestens zwei große Organisationen schwarzer Deutscher – der Braune Mob e.V. und die Initiative Schwarze Menschen in

Deutschland – haben deutlich gemacht, dass und warum sie so nicht genannt werden wollen. Die Autorin Noah Sow diskutiert es in ihrem Bestseller „Deutschland Schwarz-Weiß" umfassend und pointiert – und sie ist nicht „nur" Betroffene, sondern weiß als Mitwirkende an wissenschaftlichen Nachschlagewerken zu rassistischer Sprache auch fachlich, wovon sie redet. Der schwarze Schauspieler Marius Jung, der ein Buch geschrieben hat, *in dem er sich über politisch korrekte Sprache lustig macht,* erklärt dort, dass *N~* nicht akzeptabel ist. Sogar Roberto Blanco, dessen Karriere an einer Überempfindlichkeit gegen eingebildeten Rassismus früh gescheitert wäre, sagt, dass das Wort im heutigen Sprachgebrauch nichts verloren hat.

Es ist auch nicht so, als ob die Verteidiger/-innen abwertender Ausdrücke nie auf andere Leute hören würden. Eine Ludwigsburger Bäckerin, die in ihrer Bäckerei unter anderem *M~köpfle* verkauft, wurde kürzlich befragt, ob sie verstehe, dass es Menschen gebe, die sich an diesem Wort stören. Sie verstand es nicht: „Wenn man 100 Leute in der Stadt fragt, was ein Mohrenköpfle ist, antworten exakt null: eine Beleidigung für einen schwarzen Menschen", wird sie in der Stuttgarter Zeitung zitiert. Das Problem ist also nicht, dass die Bäckerin nicht bereit wäre, sich eine zweite Meinung einzuholen. Das Problem ist, dass sie lieber auf 100 imaginäre Ludwigsburger/-innen hört (vermutlich alle weiß wie die Weckle im Regal ihrer Bäckerei) als auf Sow, Jung, Blanco und fast jeden anderen schwarzen Menschen, den sie hätte fragen können. Und das ist ein größeres Problem als das isolierte Wort

M~köpfle im Schaufenster einer Kleinstadtbäckerei. Wenn wir zu den Nichtbetroffenen einer bestimmten Diskriminierungsdimension gehören, müssen wir lernen, den Diskriminierten mehr zu glauben als uns oder anderen Nichtdiskriminierten. Die goldene Sprachregel hilft, uns daran zu erinnern.

Nicht immer gibt es eine so einhellige, gut dokumentierte Ablehnung. Manchmal herrscht Uneinigkeit unter den Betroffenen (die Sinti und Roma haben über ihre Verbände einstimmig klargemacht, dass sie nicht als *Zigeuner* bezeichnet werden wollen, bei den Jenischen gibt es unterschiedliche Meinungen). In anderen Fällen sehen wir uns vielleicht sogar mit einer einzelnen Aussage konfrontiert.

Nehmen wir zunächst diesen extremen Fall, in dem eine einzelne Person uns darauf hinweist, dass sie ein bestimmtes Wort als herabwürdigend empfindet. Hier sagt uns die goldene Regel zunächst, dass wir *diese* Person mit diesem Wort nicht bezeichnen oder anderweitig konfrontieren sollten. Das gebietet uns die Erkenntnis, dass auch wir in die Situation geraten könnten, diese einzelne Stimme zu sein, und dass auch wir dann mit Rücksicht behandelt werden wollen.

Wenn die einzelne Person mehr verlangen würde – nämlich, dass wir das Wort nicht nur ihr gegenüber, sondern ganz und gar vermeiden und ihr helfen sollen, es aus Kinderbüchern und Gesetzestexten streichen zu lassen, dürfen wir sicher eine objektivere Grundlage für die herabwürdigende Bedeutung des Wortes fordern. **Die sich**

aus der goldenen Regel ergebende Notwendigkeit, Betroffenen zuzuhören, bedeutet ja nicht, dass wir jede Aussage einzelner Betroffener als unverrückbare Wahrheit akzeptieren müssen. Auch wenn einzelne Sprachaktivist/-innen dies vielleicht manchmal so darstellen oder selbst so handeln, stünde es tatsächlich im Widerspruch zur goldenen Regel – ich kann mir in einem schwachen Moment vielleicht wünschen, dass die Welt jede meiner Aussagen unwidersprochen glaubt, aber es ist klar, dass wir in einer Welt, in der das siebeneinhalb Milliarden Menschen für sich einfordern würden, schnell alles und sein Gegenteil glauben müssten.

Das gilt aber natürlich auch umgekehrt – die Kritiker/-innen politisch korrekter Sprache berufen sich ja gerne auf einzelne Stimmen, wenn es darum geht, die herabwürdigende Bedeutung eines Wortes zu *bestreiten*. Schnell zitieren sie eine Kollegin, die das generische Maskulinum für die einzige vernünftige Ausdrucksweise hält. Oder einen Kommilitonen mit Rollstuhl, der sich selbst als *Krüppel* bezeichnet. Oder einen guten Freund, der, obwohl er „selbst ein Schwarzer ist", das N-Wort völlig unproblematisch findet und oft herzlich darüber lacht. Selbst, wenn diese Kollegin, der Kommilitone und der gute Freund weniger imaginär sein sollten als die oben erwähnten 100 Ludwigsburger/-innen, können sie natürlich ebenso wenig als Entlastungszeugen dienen, wie eine einzelne Stimme, die sich durch dieses Pronomen oder jenes Wort herabgesetzt fühlt, als unumstößliche Autorität gelten kann. Was wir aber *beiden* zugestehen müssen, ist, dass sie ihre persönliche Wahrnehmung korrekt wiedergeben (dass sie also wissen, wie es sich für sie anfühlt, mit einem bestimmten Sprachgebrauch konfrontiert zu sein) und dass diese Wahrnehmung *möglicherweise* eine objektive Grundlage hat.

Auf die objektive Grundlage komme ich gleich noch kurz zu sprechen, aber vorher möchte ich auf den Fall zwischen den Extremen zurückkommen – den Fall, in dem viele, aber nicht alle Mitglieder einer mit einem bestimmten Ausdruck bezeichneten Gruppe sich durch diesen diskriminiert fühlen. Das ist beim oben bereits erwähnten Wort *Zigeuner* der Fall, aber auch bei *Eskimo* und *Indianer* (bzw., da die Betroffenen sich für den Sprachgebrauch im deutschen Sprachraum nur am Rande interessieren, bei dessen englischer Entsprechung *Indian*).

In diesen Fällen stellt sich oft heraus, dass das kritisierte Wort zum Teil deshalb als diskriminierend empfunden wird, weil es von außen eine Gruppe definiert, deren Mitglieder sich nicht als Gruppe empfinden. Das kann außerdem dazu führen, dass eine von Teilen der so definierten Gruppe gewählte Bezeichnung nicht für alle akzeptabel ist. Die oben erwähnten Jenischen sind mit den Sinti und Roma weder von ihrer Abstammung noch historisch oder kulturell verwandt – es ist deshalb nicht verwunderlich, dass sie im Zweifelsfall lieber als *Zigeuner* denn als *Sinti und Roma* bezeichnet werden wollen. Das Inuit Circumpolar Council, in dem die indigene Bevölkerung des Nordpolarkreises organisiert ist, lehnt die Bezeichnung *Eskimo* als Fremdbezeichnung ab und schlägt stattdessen das inzwischen auch international weithin verwendete *Inuit* vor, das in einigen der dort vertretenen Sprachgemeinschaften „Mensch" bedeutet. Die Yupik in Alaska akzeptieren das Wort aber nicht, da es in ihrer Sprache nicht vorkommt und für sie nicht alle der als *Eskimo* bezeichneten Gruppen umfasst. Sie bleiben deshalb teilweise bei der Bezeichnung *Eskimo*.

In diesen Fällen besteht die offensichtliche Lösung darin, anzuerkennen, dass es sich um eine heterogene Gruppe handelt, die deshalb auch nicht einheitlich bezeichnet werden kann. Wer nicht über „Zigeuner", „Eskimos" oder „Indianer" reden kann, ohne sich die Mühe zu machen zu überlegen, ob er damit die Roma oder Jenischen, die Yupik oder die Iñupiat, die Cree oder die Navajo meint, ist vermutlich ohnehin gerade dabei, undifferenzierte Stereotype zu verbreiten, und sollte sich zunächst genauer informieren. Und wo eine Sammelbezeichnung nötig ist, sollte sie als Sammelbezeichnung erkennbar sein („die Sinti, Roma und Jenischen", „die indigene Bevölkerung des Nordpolarkreises/Nordamerikas").

Wo trotz der Aussagen Betroffener Unsicherheit bezüglich der diskriminierenden Bedeutung eines Wortes besteht, stellt die Sprachwissenschaft Diagnoseinstrumente zur Verfügung, mit denen sich die (notwendigerweise) subjektiven Aussagen einzelner Betroffener oder die Uneinigkeit unter Betroffenen aus einer objektiven Perspektive betrachten lassen.

Es gibt mittlerweile für viele Sprachen große, gut erschlossene Textarchive, sogenannte Korpora, in denen viele Millionen Wörter authentischen Sprachgebrauchs systematisch durchsucht werden können. Das erlaubt uns einerseits, die ursprünglichen Verwendungen und die Bedeutungsgeschichte eines Wortes genau nachzuvollziehen, und zum anderen, den aktuellen Sprachgebrauch auf breiter Ebene zu untersuchen.

Die Begriffsgeschichte liefert oft klare Hinweise darauf, dass ein Wort schon immer oder schon sehr lange in vorrangig abwertenden Zusammenhängen verwendet wird (wie im oben erwähnten Fall der Wörter *N~* oder *Idiot*). **Die aktuelle Untersuchung des Sprachgebrauchs ist aber meistens noch erhellender:** Korpora erlauben es uns, Hunderte von Verwendungen auf einmal zu betrachten – zum Beispiel, indem wir die häufigsten Wörter ermitteln, die mit dem betreffenden Wort gemeinsam verwendet werden (in der Sprachwissenschaft als *Kollokate* bezeichnet). **Bei Substantiven (um die es ja meistens geht), bietet es sich zum Beispiel an, die Adjektive zu untersuchen, die ihnen oft zur Seite gestellt werden. In der Summe bilden diese adjektivischen Kollokate die Verwendungszusammenhänge dann objektiv ab.**

Für *N~* zum Beispiel finden sich neben allgemeinen Adjektiven wie *amerikanisch/afrikanisch* oder *jung/alt* eine Reihe durchgängig negativer und stereotypisierender Adjektive: *nackt, dreckig, tanzend, faul, dick, primitiv, lustig, tot* und *böse*. Für das Wort *Schwarzer* (oder die Kombination *schwarzer Deutscher*) finden sich diese Adjektive nicht oder nur sehr selten. Für *Zigeuner* finden sich unter den häufigsten Adjektiven die Wörter *bettelnd, reinrassig, asozial, feurig, rassig, dreckig, verfolgt, schlafend, verdammt* und *tanzend* – die Wörter *Sinti* und/oder *Roma* haben diese Kollokate nicht. Das Wort *Indianer* schneidet etwas besser ab – stereotypisierende oder negative Adjektive wie *blutrünstig, gefiedert, betrunken, wild, kriegerisch* und *nackt* tauchen hier erst weiter unten in der Rangliste auf und sind mit mehr neutralen Adjektiven durchmischt. Eine Entwarnung bezüglich des Wortes *Indianer* ist das nicht gerade, aber es zeigt, dass die Methode, Verwendungszusammenhänge über häufige Kollokate zu identifizieren, auch abgestufte Urteile zulässt.

Wenn ein Ausdruck als abwertend erkannt ist, gilt es, Alternativen zu finden. Auch dabei sollte die goldene Sprachregel Ausgangspunkt sein.
Wir alle haben bestimmte Vorstellungen davon, wie wir (allgemein oder in einer bestimmten Situation oder von bestimmten Menschen) angesprochen werden möchten – ob wir gesiezt oder geduzt und bei unserem Nachnamen, Vornamen oder Spitznamen genannt werden wollen und so weiter. Und ebenso akzeptieren wir in diesen Fällen normalerweise die Wünsche anderer.

Auch mit Gruppenbezeichnungen sollten wir es so halten. **Wenn eine Gruppe eine Bezeichnung für sich selbst gewählt hat (und diese innerhalb der Gruppe gut akzeptiert ist), verlangt die goldene Regel, dass wir diese Selbstbezeichnung soweit respektieren und verwenden, wie wir es für uns selbst fordern bzw. wie wir es allen Gruppen (inklusive denen, denen wir uns**

zugehörig fühlen) zugestehen. Wenn sie nicht breit akzeptiert ist, müssen wir gegebenenfalls darauf achten, mit wem wir es im Einzelnen gerade zu tun haben und welche Bezeichnung dann die richtige ist. Eine umstrittene Bezeichnung sollten wir auf jeden Fall vermeiden, da sie, selbst wenn sie von einigen nicht als diskriminierend empfunden wird, ja die anderen immer mitbezeichnet.

Es gibt einige Fälle, in denen eine Eigenbezeichnung nicht ohne Weiteres übernommen oder auf bestimmte Menschen angewendet werden kann, nämlich dort, wo die moralische Verpflichtung zur Verwendung von Eigenbezeichnungen in Konflikt mit anderen moralischen Verpflichtungen gerät.

So kann eine Eigenbezeichnung offensichtlich falsch sein. Es gibt zum Beispiel Menschen, die der Meinung sind, das Deutsche Reich existiere noch. Sie akzeptieren die Gesetze und Institutionen der Bundesrepublik Deutschland nicht und nennen sich selbst *Reichsbürger*. Da die Meinung, auf der diese Eigenbezeichnung beruht, falsch ist, steht die Verpflichtung, diese Menschen mit ihrer gewählten Eigenbezeichnung anzusprechen im Konflikt mit der Verpflichtung, nicht die Unwahrheit zu sagen (vor allem nicht, wenn sie so gefährlich ist wie in diesem Fall).

Eine Eigenbezeichnung kann auch grundsätzlich richtig sein, aber auf eine bestimmte Person nicht zutreffen. Die weiße Amerikanerin Rachel Doležal zum Beispiel nimmt für sich in Anspruch, *schwarz (Black)* zu sein und möchte so genannt werden. Die Verpflichtung, diese Eigenbezeichnung zu respektieren, steht aber in einem Konflikt mit der Verpflichtung, die Eigenbezeichnung der Gruppe der schwarzen Amerikaner/-innen zu respektieren, deren Definition Weiße nicht mit einschließt. Natürlich gibt es hier auch Grenzfälle, da nicht immer offensichtlich ist, wer zu einer Gruppe gehört und wer nicht. Der Ausdruck *People of Color* zum Beispiel, ein selbst gewählter Oberbegriff für alle Nichtweißen, hat unscharfe Grenzen – es gibt Menschen, die sich eindeutig so bezeichnen können, und Menschen, die es eindeutig nicht können, aber es gibt auch viele, bei denen es nicht eindeutig ist und damit verhandelbar bleibt.

Schließlich gibt es Fälle, in denen eine Eigenbezeichnung aus sich heraus andere Gruppen abwertet. Zum Beispiel gibt es viele religiöse Strömungen, die sich selbst als *Rechtgläubige* bezeichnen. Mit diesem Wort werden aber automatisch alle anderen zu Irrgläubigen erklärt, **es entsteht also ein Konflikt zwischen der moralischen Verpflichtung, Eigenbezeichnungen zu verwenden, und der Verpflichtung, Dritte** (und, wenn man selbst nicht zu den „Rechtgläubigen" gehört, sich selbst) **nicht herabzuwürdigen.**

In all diesen Fällen muss eine Abwägung zwischen den moralischen Verpflichtungen getroffen werden. Wenn der Verpflichtung, Eigenbezeichnungen zu verwenden, dabei ein untergeordneter Stellenwert beigemessen wird, muss eine neutrale Alternative zur Eigenbezeichnung gefunden werden. Dass die hier erwähnten Beispiele etwas bemüht wirken, zeigt aber schon, dass es sich eher um eine Ausnahmesituation handelt – bei keinem der Wörter, an denen sich die Debatte immer wieder entzündet, liegt ein solcher Konflikt vor.

In der Diskussion um politisch korrekte Sprache werden Eigenbezeichnungen manchmal mit dem Argument abgelehnt, sie würden das Benennungsproblem nicht in nachvollziehbarer Weise lösen. So hört man gelegentlich das Argument, der eben erwähnte Ausdruck *People of Color* sei dem herkömmlichen Ausdruck *farbige Menschen* so ähnlich, dass nicht einzusehen sei, warum eine Gruppe sich ersteren als Eigenbezeichnung wähle, letzteren aber als rassistisch ablehne. Davon abgesehen, dass der Ausdruck *Farbige* eine zutiefst abwertende Bedeutungsgeschichte hat, die dem Ausdruck *People of Color* fehlt, gibt es hier keinen moralischen Konflikt: Die Verpflichtung zu Eigenbezeichnungen ist höher zu bewerten als der Wunsch, die Grundlage für die Wahl der Eigenbezeichnung nachvollziehen zu können. Dass wir das im Prinzip wissen, zeigt sich, sobald es nicht um politisch korrekte Sprache geht: Die Spieler des MSV Duisburg bezeichnen sich selbst wegen ihrer gestreiften Trikots als *Zebras* und diese Eigenbezeichnung ist weithin akzeptiert. Niemand fragt, warum sie sich nicht *Quagga* nennen, obwohl dieses Tier dem Zebra doch sehr ähnlich sei.

Schließlich gibt es Fälle, in denen keine Eigenbezeichnung existiert – meistens, weil sich die Menschen, die durch eine bestimmte Gruppenbezeichnung zusammengefasst werden, nur bedingt als Mitglieder einer Gruppe sehen. Das ist zum Beispiel bei der Gruppe der *Menschen mit Behinderungen* der Fall, die – da der Begriff *Behinderung* selbst sehr vieldeutig und unscharf ist – sehr heterogen ist. **In diesen Fällen wird häufig empfohlen, fachsprachliche Bezeichnungen zu verwenden.**

Nun schützt Fachsprache nicht vor Diskriminierung – viele abwertende Begriffe für Menschen mit (wahrgenommen) niedriger Intelligenz wie *Idiot* oder *schwachsinnig* haben ihre Existenz als „neutrale" medizinische Fachbegriffe begonnen. Aber auch aus moralischer Sicht ist der Ratschlag fragwürdig: Niemand möchte wohl außerhalb sehr eng definierter Situationen mit fachsprachlichen Bezeichnungen benannt werden, deshalb dürfen wir das auch anderen außerhalb dieser Situationen nicht zumuten.

Das heißt nicht, dass es keinen Platz für Fachsprache gibt. Wenn es zum Beispiel um die Rechte von Menschen mit Behinderungen geht, müssen sie als Gruppe bezeichnet werden, und in der Definition für *behindert* finden sich dann sicher fachsprachliche Ausdrücke. Das bedeutet aber nicht, dass ich Menschen auch außerhalb solcher Zusammenhänge mit fachsprachlichen Ausdrücken benennen sollte. Und schon gar nicht sollte ich mir auf eigene Faust „politisch korrekt" klingende Bezeichnungen ausdenken, wie den fraglos in allerbester Absicht geprägten Ausdruck „Menschen mit besonderen Bedürfnissen und Fähigkeiten". Behindertenaktivist/-innen weisen darauf hin, dass die Bedürfnisse und Fähigkeiten behinderter Menschen in keiner Hinsicht „besonders", sondern ebenso vielfältig sind wie die von nicht behinderten, auch wenn sie mehr Hürden überwinden müssen, um diese auszuleben.

Das Prinzip, Menschen nur dort als Gruppe anzusprechen, wo der Zusammenhang es erfordert, lässt sich dagegen gut verallgemeinern und entspricht der goldenen Regel: Wir alle wollen in den meisten Situationen als Individuum wahrgenommen und angesprochen werden und sollten das selbstverständlich anderen zugestehen.

Es ist beispielsweise durchaus legitim, Menschen aufgrund der Helligkeit und Tönung ihrer Haut zu kategorisieren, wenn eine Situation genau das erfordert – etwa in einer Diskussion um unterschiedliche Hautkrebsrisiken aufgrund unterschiedlich starker Pigmentierung oder in einer Diskussion der Tatsache, dass Menschen seit Jahrhunderten aufgrund äußerlicher Kriterien – darunter auch der Helligkeit und Tönung ihrer Haut – herabgewürdigt, diskriminiert und entmenschlicht werden. In solchen Zusammenhängen steht dunkle Haut in einem expliziten Gegensatz zu heller Haut, es werden also alle Menschen aufgrund dieses Kriteriums gruppiert. Es ist aber nicht legitim, Menschen aufgrund der Helligkeit und Tönung ihrer Haut zu kategorisieren, wo die Situation das nicht erfordert – wir tun es nicht bei Menschen mit heller Haut (die wir stillschweigend als „normal" behandeln) und dürfen es deshalb auch nicht bei Menschen mit dunkler(er) Haut tun.

ZUM SCHLUSS

Es geht den Befürworter/-innen politisch korrekter Sprache allgemein, und mir mit dieser Streitschrift im Besonderen, nicht darum, irgendjemandem Sprachvorschriften zu machen – ich bekenne mich zwar zur Moral, aber nicht zum Aposteltum. Anders als die religiösen Dogmen derjenigen, die sich durch Hasenfeste, Sonne-Mond-und-Sterne-Umzüge und Wintermärkte bedroht sehen, muss Moral einer stillen Reflexion des eigenen Verhaltens ebenso zugänglich bleiben wie einer offenen gesellschaftlichen Diskussion.

Es geht bei der politisch korrekten Sprache auch nicht darum, Meinungen zu verbieten. Ein solches Verbot würde nur dazu führen, dass wir nicht mehr wissen, wer sie vertritt, und dass wir sie vielleicht sogar für überwunden halten.

Bei der politisch korrekten Sprache geht es darum, strukturelle sprachliche Ungleichheiten zu beseitigen. Diejenigen, die Hass empfinden und diesem Hass Ausdruck verleihen wollen, sollen das tun dürfen (solange sie akzeptieren, dass auch andere ihnen gegenüber Hass empfinden und ausdrücken). Sie sollen es aber explizit tun müssen und nicht, indem sie in einen scheinbar harmlosen Diskurs herabwürdigende Ausdrücke einfließen lassen, Ausdrücke, denen sie selber nie ausgesetzt sein werden, weil es entsprechende Ausdrücke für sie nicht gibt.

Wer *keinen* Hass empfindet, wer *nicht* herabwürdigen will, für den sollte es selbstverständlich sein, sprachliche Ausdrücke zu meiden, die von anderen als hasserfüllt oder herabwürdigend empfunden werden. Wenn wir uns darauf einigen könnten, wäre nicht alles gut und die materielle Diskriminierung betroffener Gruppen noch lange nicht beseitigt – Sprache beeinflusst zwar unser Denken, aber bei Weitem nicht tiefgreifend genug, um allein durch Sprachreformen Verhaltensveränderungen zu erwirken. **Aber ein Bemühen um eine nicht diskriminierende Sprache wäre ein Zeichen, dass wir überhaupt Gleichheit wollen.**

Wenn wir uns dagegen nicht einmal darauf einigen können, eine Handvoll kleiner Eingriffe in den Wortschatz zu akzeptieren, die niemanden etwas kosten – wo sollte dann bei den Diskriminierten das Vertrauen herkommen, dass wir Diskriminierung und Herabwürdigung dort abbauen wollen, wo es tatsächlich Kosten und Mühe verursacht?

Zum Schluss möchte ich auf die von allen als menschenverachtend eingestuften Beispiele sprachlichen Verhaltens zurückkommen, mit denen ich diese Streitschrift begonnen habe. Wenn wir uns fragen, wie es dazu kommen konnte, dass Ausdrücke wie *Umvolkung*, *Volksverräter* und *Schuldkult* überhaupt wieder in den öffentlichen Sprachgebrauch eindringen konnten, müssen wir uns klarmachen, dass das abwertende Denken und Handeln vergangener Generationen nie verschwunden war, sondern in Wörtern wie *N~*, *Flittchen* oder *Spasti* weiterlebt und an immer neue Generationen weitergegeben wird, solange diese Wörter existieren. **Und da die Geschichte zeigt, dass abwertende Sprache oft der erste Schritt zu abwertenden Handlungen ist, sind wir alle durch diese Geschichte verpflichtet, abwertende Sprache zu bekämpfen, bevor es so weit kommt.**

Ist unsere Rechtschreibung in Gefahr?

www.duden.de

Kathrin Kunkel-Razum und andere:

Warum es nicht egal ist, wie wir schreiben

64 Seiten. Klappenbroschur
ISBN 978-3-411-74296-7